Pitshou Moleka

Leadership et Conversion Multidimensionnelle dans la Bible

Pitshou Moleka

Leadership et Conversion Multidimensionnelle dans la Bible

Leçons pour l'Afrique. Seconde édition

Éditions Croix du Salut

Imprint

Cover image: www.ingimage.com

Publisher:
Éditions Croix du Salut
is a trademark of
Dodo Books Indian Ocean Ltd., member of the OmniScriptum S.R.L Publishing group
str. A.Russo 15, of. 61, Chisinau-2068, Republic of Moldova Europe
Printed at: see last page
ISBN: 978-620-3-84208-1

PITSHOU MOLEKA, PhD

Leadership et Conversion Multidimensionnelle dans la Bible : Leçons pour l'Afrique

Seconde édition

L'Afrique est un continent qui a un taux élevé de christianisme mais connaît pourtant une crise des leaders intègres et efficaces dans toutes les sphères de la société (petites ou grandes entreprises, secteur privé ou publique, politique, enseignement...). L'un des problèmes est le manque de conversion spirituelle de ces leaders, ils ont plus connu une conversion religieuse ou le nominalisme. La Bible peut nous éclairer sur les différentes transformations ou conversion en leadership : religieuse, intellectuelle, psychologique, axiologique, éthique, spirituelle....cela envie d'une transformation holistique et des leaders et de la société. Dans les lignes qui suivent, je présente quelques figures bibliques pour inspirer l'émergence d'un leadership de type nouveau dans le continent noir.

Chapitre I : Notion de leadership dans la Bible

La Bible donne plusieurs sortes d'hommes qui ont eu à exercer l'influence suite à leur vision, à leurs valeurs, à leurs charismes et exploits, des leaders. Ils sont tellement nombreux que je ne cite que quelques-uns.

ABRAHAM

Abraham, issu de l'idolâtrie et d'une mégalopole de l'époque avec tout ce qu'il y a comme perversité reçoit l'appel de Dieu (Genèse 12) pour devenir un leader des leaders, père des nations et de tous les croyants de tout temps qui sont innombrables comme les étoiles du ciel ou les grains de sable au .bord de la mer.
Son style de leadership est le leadership transformationnel.
Il reçoit la grande vision, celle de fonder une nouvelle nation, la Terre Promise, où ses descendants vivraient comme un peuple unifié croyant au seul Dieu unique, et il devrait enseigner le souci des démunis et à la justice pour tous. Même si Jacob, le petit-fils d'Abraham, s'est installé en Egypte, il a voulu être enterré dans la grotte de Macpéla, le lieu de sépulture d'Abraham et d'Isaac. Jacob fit jurer à Joseph qu'il serait enterré en Terre Sainte et y fut en effet enterré par Joseph et ses frères. Il a transmis son amour de la Terre Sainte à tous ses enfants et l'on constate que même Joseph a fait jurer à ses frères qu'ils ramèneraient ses ossements en Terre promise. Dans les paroles de Joseph (Genèse 50, 24-25). Cette vision, transmise d'Abraham à Isaac à Jacob et aux enfants de Jacob, a soutenu les Israélites à travers une amère servitude pendant plusieurs décennies.
Abraham était un monothéiste dans une société païenne et répandait le nom de Dieu partout où il voyageait (Genèse 12, 8 ; 13, 4). Abraham a non seulement eu une vision, mais a également été capable de communiquer cette vision à des descendants vivant des centaines de générations plus tard.
Abraham avait du courage et de la confiance, et Genèse 14 raconte comment il a eu à mobiliser son clan et, avec seulement 318

personnes, fit la guerre à quatre puissants rois afin de sauver son neveu Lot. Abraham était largement en infériorité numérique mais poursuivait quatre puissants adversaires qui venaient de vaincre cinq puissants rois (les rois de Sodome et de Gomorrhe et trois alliés). Abraham était non seulement courageux mais loyal envers les membres de son clan, même celui qui est parti vivre à Sodome. Les leaders transformationnels ont besoin de courage pour prendre des risques et de confiance pour réaliser leurs visions. Il se souciait des gens et avait un sens aigu de la justice. Il était aussi extrêmement hospitalier envers les étrangers. La Bible (Genèse 18) raconte qu'un jour de grande chaleur, Abraham était assis à l'entrée de sa tente et remarqua trois étrangers. Il courut vers eux et les invita à venir chez lui pour « se laver les pieds » et manger un « morceau de pain ». Abraham ne leur offrit pas grand-chose pour leur permettre de se mettre d'accord. En réalité, il leur a fourni du pain frais, du lait caillé et du lait, et un veau tendre. De plus, Abraham se tenait au-dessus d'eux et agissait comme hôte et serveur. Abraham était un homme âgé, pourtant la Bible déclare (Genèse 18, 6-7) : "Et Abraham se hâta vers la tente..." "Abraham courut vers le bétail." Quand ils sont partis, le verset déclare (Genèse 18 , 16) : « Abraham est allé avec eux pour les envoyer sur leur chemin. Abraham a même montré à ses invités la courtoisie de les accompagner une partie du chemin. Son neveu, Lot, pratiquait également l'hospitalité à Sodome, un endroit qui s'opposait violemment à l'hospitalité envers les étrangers (Genèse 19). Le souci d'Abraham pour les autres s'est également manifesté lorsqu'il a entendu que Dieu avait l'intention de détruire Sodome et Gomorrhe. Abraham était si bouleversé qu'il osa demander à Dieu (Genèse 18, 25) : « Le juge de toute la terre ne fera-t-il pas justice ? Cette histoire démontre le grand amour d'Abraham pour l'humanité et son optimisme.

Abraham ne pouvait pas croire que certaines personnes étaient si méchantes qu'elles étaient désespérées. Un leader transformationnel se soucie de ses partisans, les encourage et les soutient. Abraham était humble était un individu d'une grande humilité. Il se référait à lui-même comme « mais de la poussière et de la cendre » (Genèse 18,

27). Lorsque sa femme Sarah est décédée, Abraham a approché les Hittites parce qu'il voulait acheter un lieu de sépulture. Abraham a dit à propos de lui-même (Genèse 23, 4) : "Je suis un étranger et un habitant avec vous." Les Hittites, cependant, savaient qui était Abraham et l'appelaient un "prince de Dieu" (Genèse 23,6), une certaine mesure d'humilité est une caractéristique importante des leaders transformationnels. Il n'est pas surprenant que la froideur et l'arrogance soient les principales raisons de l'échec du leadership. Abraham avait du charisme. Les leaders charismatiques ont la capacité d'influencer les autres en raison de leurs qualités d'inspiration. Le mot grec *kharisma* signifie «don divin» et les individus charismatiques ont le pouvoir d'obtenir la dévotion d'un grand nombre de personnes. Leurs adeptes leur attribuent des capacités héroïques et extraordinaires après avoir observé certains comportements. Ils sont l'inspiration de leurs adeptes, et sont eux-mêmes des modèles des comportements souhaités. Des millénaires après sa mort, il est toujours un modèle pour des milliards de personnes. Les leaders transformationnels charismatiques doivent être prêts à faire des sacrifices au nom d'une organisation. De plus, les leaders transformationnels motivent leurs adeptes à sacrifier leurs propres intérêts pour le plus grand bien. Abraham était une personne prête à faire un grand sacrifice et c'est pourquoi il a prouvé qu'il était le bon choix en tant que premier patriarche. Il était un agent de changement. Il n'est pas facile et peut être souvent dangereux d'être différent des gens qui vous entourent. Le point de vue d'Abraham sur l'hospitalité envers les étrangers était aussi le contraire de la philosophie de Sodome et Gomorrhe, des lieux qui haïssaient les étrangers. "L'hospitalité" sodomite impliquait le viol d'étrangers entrant dans leur pays (Genèse 19, 4-5); Abraham a montré l'hospitalité aux étrangers en les servant personnellement. Les étrangers n'étaient pas bien traités dans une grande partie du monde antique et Abraham lui-même avait peur lorsqu'il voyageait avec sa femme en Égypte. Abraham a non seulement osé être différent à son époque, mais a également changé la direction religieuse de l'humanité. Il a montré une nouvelle direction au monde.

JOSEPH

Joseph le modèle d'un leader exécutif, qui travaille avec Pharaon un leader visionnaire. Il était un interprète de rêve (sagesse suprême de Dieu): l'Égypte avait la réputation d'un grand pays de science, de connaissances et de sagesse. De nombreux œuvres d'érudits en égyptologie comme Cheick Anta Diop et Théophile Obenga l'ont démontré.

En effet, Winkler Andreas (2011) affirme que les prêtres égyptiens, les magiciens ont été considérés comme des experts et des spécialistes, les rêves étaient un moyen pour eux de communiquer avec des esprits et d'interpréter leur volonté. Par divination et astrologie, ils pouvaient prédir l'avenir. Ils pourraient interpréter les oracles divins, le mouvement des corps célestes comme des étoiles, la lune. Ils étaient supposés posséder des calendriers de bonne et de mauvaise journée et la compétence en chronomancie. Mais Joseph avait un autre niveau de sagesse, la *Binah*. Il a interprété comme prisonnier deux rêves et ce qu'il a prédit dans l'interprétation de ces rêves sont arrivés avec précision (Genèse 40, 1-22). Deux ans après, Pharaon a un rêve, mais tous les hommes du Conseil des sages n'étaient pas en mesure de lui donner une véritable explication en raison de leur limitation en termes de renseignement, de sagesse et de spiritualité (Genèse 41, 1-8). Ensuite, Joseph a été inventé comme un homme de solution et lui a donné la signification de ses deux rêves concernant la vie économique de cette vieille superpuissance.

Parmi les valeurs éthiques caractérisant sa vie, je peux citer:

- Humilité (quand bien même il possédait un niveau supérieur dans l'interprétation de rêve, il a parlé de Dieu comme source de cette capacité, et non lui-même comme le ferait un leader narcissique pour citer cette catégorie de Freud qui présente souvent une arrogance, une domination, une image autosuffisante de soi-même se basant dans leurs propres capacités. Dans mon article intitulé : « Quel leadership pour l'émergence de la République du Congo (RDC) ? Essai d'un nouveau modèle », je cite le cas de l'ancien président de la

République Démocratique du Congo, Mobutu qui se nommait « Sese Seko Kuku Ngbendo » (le Tout Puissant qui va de victoire en victoire et aucun obstacle ne l'arrête).
- Intégrité et fidélité: même si l'épouse de son patron le harcelait sexuellement, il a refusé de commettre du péché dans la relation sexuelle avec elle en raison de son intégrité et de sa loyauté envers son patron Potiphar. Seule une profonde spiritualité peut aider à vivre dans l'intégrité et la loyauté.
- Pardon: il a été vendu comme esclave et haï par ses frères, cependant il n'exerçait aucune vengeance contre eux mais comme un bon berger il les a aimés, Il s'est occupé d'eux sans rancune comme un pasteur devant son troupeau. Il comprenait que les épreuves sont une école pour préparer le cœur à une grande responsabilité (Genèse 50, 18-21).
Il faisait une lecture spirituelle des événements. Genèse 50, 19-21: "Joseph leur dit, ne craignez pas, car je suis à la place de Dieu? Quant à vous, vous vouliez me faire du mal; mais Dieu a changé cela en bien, afin d'amener beaucoup de gens à être tenus vivants et sauvés, comme ils le sont aujourd'hui. Alors ne craignez pas, je vous fournirai tout, pour vous et vos enfants. Ainsi, il les rassura et les réconforta". Pour lui, les circonstances sont sous le contrôle de Dieu et ce qui se passe dans la vie n'est pas hors du contrôle de la main invisible du maître de l'histoire qui est Dieu.
Pour Joseph, les intentions des hommes s'opposent à l'intention de Dieu, Dieu change le mal en bien, et les hommes sont des instruments de Dieu pour accomplir son plan. Nous pouvons voir dans l'histoire de Joseph une préfiguration de la mort et de la résurrection de Jésus. Sa fosse symbolisant la condamnation dans la mort et le trône de l'Égypte est l'intronisation de Jésus dans la main droite du Père.
Il a eu un impact considerable de la direction et du leadership économique de l'Égypte. Concernantla gestion de la chaîne d'approvisionnement et la logistique, Yossi Sheffi Elisha Grey (2017) pense que Joseph est le logisticien le plus brillant de l'âge biblique. Les capacités de prévision et de planification exceptionnelles de

Joseph le mettent sur une piste rapide aux promotions. Il monta rapidement du rôle de prisonnier / surintendant dans une prison égyptienne, à l'officier de la logistique de Pharaon avec le titre de "Prince", étant au sommet de sa carrière, l'homme était deuxième seulement après le Pharaon.
Les qualités de leadership de Joseph étaient visibles même en prison: "Et le gardien de la prison s'est engagé dans la main de Joseph tous les prisonniers" (Genèse 39, 22). Il y a une école divine pour les leaders selon le cœur de Dieu, et le curriculum dans cette école ce sont les épreuves, les trahisons, le rejet, les calomnies, les fausses accusations pour forger le caractère du futur leader.

MOISE
Moise est le type de celui que Carlyle nomme « great man », qui est une catégorie des leaders hors-pair.
En 1840, Carlyle prononça six conférences publiques sur le rôle historique des héros et les a réunis dans un livre intitulé : « On Heroes, Hero-Worship, and the Heroic in History », où il a expliqué la théorie du Grand Homme.
La première théorie des grands hommes postule que le leadership est inné et non acquis ou développé. Certains hommes sont nés avec des traits de leadership, leurs caractéristiques sont l'intelligence, la sagesse, l'habileté politique, et sont souvent nés dans une certaine aristocratie. Etre d'une classe sociale élevée et d'un genre donné (genre masculin bien entendu), donc plus d'hommes que de femmes. Ce sont eux qui font l'histoire de l'humanité et de ses organisations. Il y a par exemple des créateurs de religions comme Moïse, des génies de la musique comme Mozart ou Beethoven, des dirigeants politiques comme Jules César, Napoléon Bonaparte, qui a joué un grand rôle dans la révolution française...

Le philosophe allemand Nietzsche a parlé d'un surhomme, étant au-dessus de ce qui est prescrit comme moral. Mais il oublie que si un homme prend la place de Dieu, les résultats désastreux sont connus d'avance (Moleka , 2021).

Dans la même lignée, le philosophe américain Sidney Hook fait une distinction entre l'homme événementiel et l'homme qui fait l'événementiel. Le deuxième est acteur de l'histoire mais le premier perpètre le programme établi avant lui (Kellerman, 2006).

LES JUGES

Il y a les juges comme Jephté, Deborah, Samson, Gédéon... qui étaient des leaders charismatiques, ils avaient des capacités pour inspirer et motiver les autres à l'action. Ils étaient aussi des leaders militaires.

Gédéon par exemple a vu ce qui devait être fait et a recruté une équipe pour commencer le travail. Parce qu'il avait peur de sa famille et des habitants de la ville, il s'est rendu compte qu'il aurait besoin de faire ce qu'il allait faire la nuit s'il voulait réussir. Il avait une certaine sagesse et la capacité de voir comment accomplir la tâche. Nous voyons également que Gédéon a remporté une alliance puissante avec son père parce que Joash le défend contre les hommes d'Ophrah. Lorsqu'il devient l'allié de son père,
il élargit également son cercle d'influence, et gagne l'allégeance de sa ville, de sa région, et même l'allégeance des tribus au-delà de ses frontières.

En leadership, il est essentiel qu'un leader gagne d'abord en influence quelques influenceurs clés. Il gagnera le plus grand groupe au fur et à mesure que la vision se déroulera ; plus tard, de plus en plus des gens vont adhérer à la vision. Ces compétences en leadership sont essentielles pour accomplir toute tâche importante. Les dirigeants qui sont appelés comme Gédéon l'était, doivent reconnaître la nécessité de travailler avec les autres pour l'aider à accomplir la vision que Dieu lui a donnée.

Dans Juges 7, 2, Gédéon est intervenu au bon moment, alors qu'il continuait d'écouter le Seigneur et commençait à réduire le nombre de soldats. Dieu avait un plan à l'esprit, et Il n'allait pas permettre à Gédéon d'aller de l'avant jusqu'à ce que le moment et le cadre soient bons pour qu'Il obtienne toute la gloire. Dieu a continué à réduire le

nombre d'hommes jusqu'à ce qu'il soit réduit à 300 soldats contre une armée massive.
Parfois, nous nous demandons pourquoi nous assistons à une réduction des provisions dans notre propre ministère alors que nous avons une telle tâche devant nous. Nous écoutons Dieu, et nous voyons cette énorme quantité de travail à faire, une énorme quantité de fonds qui sont nécessaires, et il semble que nous ayons une équipe de travailleurs en baisse et un manque de financement. Savez-vous de quoi je parle ? Je peux vous dire que si cela vous arrive aujourd'hui, regardez au ciel et voyez Dieu à l'œuvre pour vous. Il vous dit ce que Déborah la prophétesse a dit à Barak dans Juges 4, 14 : « Le Seigneur ne vous a-t-il pas devancé ? Dieu a tout sous contrôle même lorsqu'il semble que vous voyez tant de besoins et que vous êtes pressé jusqu'au bout de vous-même. Il est là! Il vous dit : « Je vous mets à la place pour que vous puissiez voir et savoir que je mérite toute la gloire. Quand cette vision est complète, quand vous avez accompli votre rêve, souvenez-vous que Dieu reçoive toute la gloire. Nous devons souvent arriver à un endroit où nous nous sentons presque désespérés, et Dieu interviendra et dira : « J'ai ceci. Maintenant, laissez-moi vous donner le plan de la victoire.
Gédéon était fidèle à écouter Dieu et à suivre sa voix jusqu'au bout. Cela devait être un peu effrayant d'abandonner tous ses hommes et d'aller contre une force qui était tellement plus grande. Dieu lui a donné l'assurance quand il a dit de prendre son serviteur, de se faufiler et d'écouter les hommes de Madian parler. Gédéon a entendu un homme partager son rêve sur la façon dont Gédéon et son armée les détruiraient. Dieu a mis les rêves en eux, et ils craignaient maintenant Gédéon. Cela a donné à Gédéon la confiance nécessaire pour continuer et suivre la volonté de Dieu.
Lorsque nous évaluons vraiment cette histoire, de nombreuses caractéristiques de leadership apparaissent.

- Nous voyons l'appel de Gédéon comme un élément clé de l'histoire. Un leader qui a une vocation claire est celui qui sera conduit vers des résultats. L'audace et la passion ont rempli son cœur alors qu'il courait vers son objectif.

- Gédéon était également un leader perspicace. Il avait la sagesse de voir les problèmes et la vision de voir ce qui l'attendait. Dieu lui a donné un aperçu des cœurs faibles des Madianites.
- Gédéon menait avec confiance, et les hommes étaient prêts à le suivre à cause de cela. Il les a gagnés à la vision et a eu de l'influence sur les hommes.
- Enfin, Gédéon avait des compétences en communication, car nous voyons qu'il a expliqué pourquoi il était si obligé d'entrer en guerre avec les Madianites. Les gens suivent ceux qui peuvent clairement communiquer la vision.

Chapitre deux : Notion de conversion

La conversion est une notion fondamentale dans la Bible et ouvre de nouvelles perspectives.

A. Quelques cas de conversion

dans l'Ancien Testament (AT) Moise parle de conversion en évoquant la circoncision des cœurs (Deutéronome 10,6 ; 30,6). Son disciple Josué mentionne la crainte de Dieu, et d'autres serviteurs de Dieu utilisés dans l'AT mais je vais me limiter à trois cas du Nouveau Testament (NT) pour servir d'échantillon de toute la Bible.

I. Cas de la conversion de Paul

1. Conversion religieuse : Paul est juif né des juifs comme affirmé dans Phippiens 3,5. Circoncis le 8e jour, de la race d'Israël, hébreu né d'hébreux et pharisien. Donc une conversion religieuse biologique. Par sa naissance comme hébreu, il a embrassé la religion juive. Ici la religion des parents influence l'enfant, un élément de socialisation surtout que l'éducation des enfants en Israël était religieuse. Joseph Simon (1879) donne les détails de cette éducation. Le huitième jour de la naissance, le garçon, recevait le sceau de la circoncision où il fait son entrée dans la grande communauté. Les mères nourrissaient elles-mêmes leurs enfants, et la période d'allaitement se prolongeait souvent jusqu'à deux ou trois ans. Le jour du sevrage était un jour de fête où tous les membres de la famille se réunissaient dans un banquet. Dans les familles aisées, le soin des enfants était confié à des gouvernantes ou à des gouverneurs. Quand les enfants grandissent, les jeunes filles, sous la direction de leur mère, se livrent aux occupations du ménage et apprennent les travaux habituels aux femmes : le filage de la laine, le tissage des étoffes, la confection des vêtements, la préparation des aliments, etc. C'est leur mère aussi qui leur enseigne les chants de triomphe par lesquels, sur le seuil de leur porte, elles saluent le passage du vainqueur, ou les complaintes et les élégies dans lesquelles elles pleurent la défaite. Les garçons accompagnent leur père aux champs, et l'aident dans ses travaux. Les enfants apprenaient, en outre, la lecture, l'écriture, et surtout la musique et la danse mais la culture intellectuelle ou le développement physique ne sont que des

accessoires dans l'éducation des Hébreux ; ce qui en forme la base, c'est l'enseignement moral et religieux. Chez toutes les nations, l'orientation à l'éducation dépend de la vision de l'homme parfait que la société se donne. Chez les Romains, c'est le soldat vaillant, dur à la fatigue, docile à la discipline ; chez les Athéniens, c'est l'homme qui réunit en lui l'heureuse harmonie de la perfection morale et de la perfection physique. Chez les Hébreux, l'homme parfait, c'est l'homme pieux, vertueux, capable d'atteindre l'idéal du peuple hébreu, tracé par Dieu lui-même, en ces termes : Soyez saints comme moi, l'Eternel, je suis saint. Ils mettaient la vertu au-dessus de tout. On inspirait ensuite aux enfants l'amour du travail, la honte de la paresse, la répugnance pour les plaisirs malsains, la bonté envers les pauvres et les malheureux, et surtout la crainte de Dieu, commencement de toute sagesse. Le père et la mère cherchaient à leur inculquer ces sentiments, soit par des instructions directes, soit par des sentences empruntées aux Sages, soit sous forme de paraboles ou d'énigmes.

2. Conversion sectaire : Paul va adhérer à l'une des sectes du judaïsme qui est le pharisaïsme.

L'historien juif Flavius Josèphe dans *Antiquités judaiques* parle de quelques sectes juives de cette époque notamment:

- Les Pharisiens qui méprisent les commodités de la vie, sans rien accorder à la mollesse ; ce que leur raison a reconnu et transmis comme bon, ils s'imposent de s'y conformer et de lutter pour observer ce qu'elle a voulu leur dicter. Ils réservent les honneurs à ceux qui sont avancés en âge et n'osent pas contredire avec arrogance leurs avis. Ils croient que tout a lieu par l'effet de la fatalité, mais ne privent pourtant pas la volonté humaine de toute emprise sur eux, car ils pensent que Dieu a tempéré les décisions de la fatalité par la volonté de l'homme pour que celui-ci se dirige vers la vertu ou vers le vice. Ils croient à l'immortalité de l'âme et à des récompenses et des peines décernées sous terre à ceux qui, pendant leur vie, ont pratiqué la vertu ou le vice, ces derniers étant voués à une prison éternelle pendant que les premiers ont la faculté de ressusciter. C'est ce qui leur donne tant de crédit auprès du peuple que toutes les prières à Dieu et tous les sacrifices se règlent d'après leurs interprétations. Leurs grandes vertus ont été attestées par les villes, rendant hommage à leur effort vers le bien tant dans leur genre de vie que dans leurs doctrines.

- La doctrine des Sadducéens fait mourir les âmes en même temps que les corps, et leur souci consiste à n'observer rien d'autre que les lois. Disputer contre les maîtres de la sagesse qu'ils suivent passe à leurs yeux pour une vertu. Leur doctrine n'est adoptée que par un petit nombre, mais qui sont les premiers en dignité. Ils n'ont pour ainsi dire aucune action ; car lorsqu'ils arrivent aux magistratures, contre leur gré et par nécessité, ils se conforment aux propositions des Pharisiens parce qu'autrement le peuple ne les supporterait pas.

-Les Esséniens : c'est une secte qui mène une vie conforme aux préceptes qu'enseigna Pythagore chez les Grecs. Ils ont pour croyance de laisser tout entre les mains de Dieu ; ils considèrent l'âme comme immortelle et estiment qu'il faut lutter sans relâche pour atteindre les fruits de la justice. Ils envoient des offrandes au Temple, mais ne font pas de sacrifices parce qu'ils pratiquent un autre genre de purifications. C'est pourquoi ils s'abstiennent de l'enceinte sacrée pour faire des sacrifices à part. Par ailleurs ce sont de très honnêtes gens et entièrement adonnés aux travaux de la terre. Il faut aussi les admirer, plus que tous ceux qui visent à la vertu, pour leur pratique de la justice, qui n'a jamais existé chez les Grecs ou chez les barbares, pratique qui n'est pas nouvelle mais ancienne chez eux... Les biens leur sont communs à tous et le riche ne jouit pas plus de ses propriétés que celui qui ne possède rien. Quand Josèphe écrivait ils étaient à plus de quatre mille hommes à vivre ainsi. Ils ne se marient pas et ne cherchent pas à acquérir des esclaves parce qu'ils regardent l'un comme amenant l'injustice, l'autre comme suscitant la discorde ; ils vivent entre eux en s'aidant les uns les autres. Pour percevoir les revenus et les produits de la terre ils élisent à main levée des hommes justes, et choisissent des prêtres pour la préparation de la nourriture et de la boisson. La conversion de Paul à cette tendance implique un choix, une

délibération par opposition à ce qui est biologique. Les sectes sont des signes avant coureurs du déclin ou du renouvellement dans un grand système religieux. Les nouveaux courants peuvent affaiblir l'ancien système ou a contrario permettre la remise en question et permettre ainsi le renouveau.
La conversion religieuse et la conversion sectaires sont des préliminaires, des préparations vers la vraie conversion, la conversion spirituelle. Ces conversions servent de semence pour que l'âme croie déjà en l'existence de Dieu et pour l'expérimenter et le connaitre personnellement plus tard.
3.La conversion spirituelle(point de départ de toute vraie conversion) : par la rencontre et l'expérience surnaturelle de Paul avec le Seigneur sur la route de Damas, laquelle expérience est à situer dans le récit de certains prophètes comme Esaïe (Chapitre 6) ou du buisson ardent où Dieu demande à Moise d'enlever ses sandales (Exode 3,5) symbole des poussières de la marche donc des impuretés, par cet acte entrer dans une nouvelle marche de sainteté avec Dieu. Josué devait faire la même chose devant la terre sanctifiée par le chef de l'armée de l'Eternel (Josué 5, 15). Aussi entrer au sacerdoce car les prêtres faisaient la liturgie les pieds nus, donc la liturgie de Moise est une action sur terrain de libération et cette même mission de libération en ouvrant les yeux des aveugles est reçue par Paul (Actes 26,16-18).
Si pour les prêtres la liturgie est à la tente, pour Moise, le sacerdoce c'est auprès de Pharaon, une indication que le ministère n'est pas que dans le temple ou l'église pour prêcher mais aussi dans les palais royaux, aux gouvernements, à la fonction publique, dans les entreprises.
Ici l'âme reçoit la lumière du Christ et l'amour de Dieu. Toute vraie conversion implique une mission, et il n'y a pas de mission sans conversion.
Ceux qui travaillent dans le leadership sans conversion spirituelle, le font comme un métier et non comme une mission.

4. Les conversions de conséquences : ici il s'agit des autres conversions, des changements majeurs qui surviennent suite à la conversion spirituelle.
Chez Paul il y a un changement axiologique (conversion éthique) quand il considère tout comme la boue à cause de l'excellence de la connaissance de Jésus Christ son Seigneur (Philippiens 3), et une transformation psychique ou une conversion psychologique car de meurtrier qu'il était il est changé en un homme qui marche dans l'agapè, et même près à servir de sacrifice ou libation pour les autres. Il faisait partie avant des individus qui se sentent missionnés pour défendre la Loi en recourant même à la violence physique à l'encontre de ceux dont ils estiment qu'ils sont des blasphémateurs. Ils ont comme modèle Phinéas (Nombres 25) qui a tué un Israélite et sa femme Madianite, Elie qui a tué les prophètes de Baal (Cuvillier, 2009). La conversion de responsabilité ou encore la conversion au leadership, où Paul part en mission vers des nations avec tout ce que ça comprend comme combats et persécutions. Ici le terme politique c'est dans le sens d'être au service d'un plus grand nombre, pour leur bien-être temporel et spirituel.
5.Chronologie : quelles circonstances interviennent pour la conversion, et cette conversion est-elle brusque ou un processus ? Pour Paul c'est la persécution de l'église naissante qu'il combattait et Dieu lui apparait pour montrer que c'est son œuvre.

Du point de vue processus, cela semble un changement qualitatif brusque, où toute les dimensions de la vie sont affectées dans un sens nouveau : les yeux qui sont physiques deviennent aveugles pour montrer sa vie passée d'aveuglement spirituelle et de la fausseté de sa connaissance spirituelle. Il tombe par terre pour montrer qu'il ne peut résister à la toute puissance de Dieu, un aveu d'impuissance et de soumission.
6. Récit d'expérience : il est tellement marqué par cette expérience que des chapitres entiers de la Bible traitent de son témoignage. Cette étape n'est pas linéaire et dépend de nombreux facteurs : les enseignements, la consécration personnelle, la vie personnelle de prière et de lecture de la Bible, l'encadrement, la communion avec

d'autres chrétiens, l'exercice d'un ministère ou le fait d'assumer une responsabilité, etc. influent sur l'accélération de la transformation.
Le genre de rencontre joue aussi un rôle clé : Paul a été marqué par l'illumination, la Samaritaine a été marquée par la connaissance surnaturelle de Jésus, en tant que prophète. Généralement, les hommes sont marqués par de telles rencontres.
Il y a donc deux grandes parties dans la vie d'un converti : un avant conversion et un après conversion, la conversion spirituelle étant au milieu jouant le rôle de point de rupture entre le passé et le présent.

Paul a connu de nombreux changements de conversion: dans le leadership, au niveau des sentiments ou au niveau psychologique...

II. Conversion de Pierre

Pierre est leader et organisateur d'une communauté vivant ensemble et partageant des biens. Un cas de conversion économique où aucun membre de ladite communauté n'était pauvre (Actes 4). Les églises ont un rôle d'enseigner la maturité et la transformation totale. Sans connaissance, il n'y aura pas de vraie transformation.

1. conversion religieuse chez Pierre : du fait qu'il soit de Galilée, il est de la foi juive comme Paul, donc une adhésion ou conversion religieuse biologique.

2. conversion politique ou idéologique : il était de la secte des zélotes. Les Zélotes étaient un mouvement révolutionnaire juif qui mène la guerre contre les Romains. Ils cherchent à se libérer de Rome. Caractérisé par un nationalisme intransigeant et agressif. Appelant de tous leurs vœux l'instauration du Royaume, ses tenants estiment devoir en hâter la venue par la violence. L'étranger est pour eux l'ennemi. Ils dressent des embuscades, manient le poignard d'où le nom de sicaires qu'on leur donnait aussi semant dans la Palestine un climat d'insécurité et d'agitation indescriptibles (Wikipedia, 2021). Judas Iscariote aussi serait l'un d'eux car Iscariote vient de sicaire.

3. conversion spirituelle (point de départ)

Par sa conversion spirituelle suite à son contact avec Jésus, Pierre reçoit aussi une conversion professionnelle ou vocationnelle : quitter la profession de pécheur des poissons pour la vocation des pécheurs d'âmes (Matthieu 4, 18-19). Il le fera en gagnant des multitudes lors de la pentecôte et autres miracles opérés.

De même que Paul qui a reçu une mission, Paul reçoit une vocation introduisant ainsi une dimension spirituelle dans la manière de concevoir le travail.

De même que la conversion constitue une préparation à la vraie conversion, la profession sert de background pour l'exercice de ma mission et la de vocation qui viennent avec la conversion spirituelle.

4. chronologie d'autres conversions : chez Pierre la chronologie suit un processus long. Il arrivera même à renier Jésus son maitre à 3 reprises pour parler de toutes ses déloyautés et infidélités.

Avec la conversion symbolisée par les larmes, il reçoit un mandat ou une mission de leadership : une conversion de responsabilité ou de leadership, celle de paitre les brebis. Ce qui présuppose attention, suivi, le fait de prendre soin des faibles, veiller à la bonne santé de tous, empêcher l'ennemi de les attaquer (loup) donc la protection, mais aussi les nourrir avec des verts pâturages (une bonne communication du message biblique).

Bien que converti spirituellement, Pierre était encore dans l'hypocrisie (Galates 2,11-14).

Avec les épitres, on sent une maturité et un changement total, encourageant les gens à la patience et à la douceur, lui qui étain sang chaud et impulsif. Une conversion du caractère et du comportement.

Paul est un modèle d'intellectuel, des gens lettrés, des philosophes qui se donnent à Dieu. Pierre est un cas d'un non instruit qui se convertit. Mais tous les deux ont abouti au leadership des organisations (églises).

Les deux sont des hommes et des juifs, et ont une identité connue même des références familiales par exemple une référence à André frère de Pierre est faite, même de sa belle mère (Marc 1). Paul a un curriculum vitae garni du fait d'avoir été disciple d'un de plus grands rabbins : Gamaliel.

III. Cas de la femme samaritaine

Contrairement à Paul et Pierre, deux leaders charismatiques, établis sur des organisations, cette femme est sans identité, quel est son nom ? Inconnu. Elle est de la race d'Elie, dont les parents ne sont pas connus, il manque de curriculum vitae, contrairement aux grands de la Bible par exemple Moise dont les détails de sa naissance, sa croissance, l'éducation reçue (toute la sagesse de l'Egypte) sont connus mais tout cela est absent chez Elie.

Elle vivait dans l'exclusion sociale, dans la marginalité car le fait d'aller puiser de l'eau en plein soleil (midi) est un indice qu'elle ne vivait pas en groupe et avait peur des jugements et représentations des autres du fait de sa vie sans pudeur.

1. conversion religieuse et sectaire: elle était de la même religion que Paul et Pierre, le judaïsme sauf qu'en tant que Samaritaine, leur attente du messie était différente de celle des juifs et refusent certains livres après la torah, une secte du judaïsme donc.

2. conversion spirituelle : sa rencontre dans le puits d'eau avec Jésus marque un tournant dans sa vie. Jean 4 montre comment elle laisse sa cruche, quête d'eau physique, pour appeler des gens à venir prendre la source d'eau spirituelle qu'elle a rencontrée, expérimentée.

3. Conversion au leadership : par son contact avec Jésus, et sa foi au Christ, une conversion au leadership se fait directement, où elle fait le témoignage et l'impact de son leadership est confirmé par la multitude des gens qu'elle a influencés en peu de temps : la ville vint vers Jésus (Jean 4, 30-37).

Elle n'est dans aucune structure, n'ayant aucune position, le type des leaders non reconnus, des héros dans l'ombre, des silencieux, manquant de visibilité mais plein d'impact et d'influence auprès des masses. Cette femme nous montre que pour impacter, influencer, le titre, la position, les structures établies ou officielles ou encore le jugement des gens et le sexe ne comptent pas.

Il y a toujours un avant conversion et une après conversion, cette étape montre la différence qui arrive dans la vie en termes de changement et témoignage.
Et dans mon expérience en tant que leader qui a mené des actions de masse et à la lumière des cas bibliques et de la recherche-action, je suis compris qu'il y a au moins cinq étapes principales dans l'expérience de conversion :
-la première étape : la vie de la personne concernée avant la conversion (vie de péché, maladie incurable, emprisonnement, sentiment de vide). Pour Paul, persécuteur et meurtrier, pour Pierre pêcheur et fanatique, la Samaritaine se prostituait.

-la deuxième étape : le contexte de la conversion : une prédication, une campagne d'évangélisation, un café chrétien... généralement c'est le contact individuel. Pour Paul l'expérience de Damas où il a vu Jésus spirituellement, pour Pierre et la Samaritaine, c'est avec des yeux physiques qu'ils ont vu Jésus avec un impact spirituel. Une conversion n'est pas possible là où Jésus n'est pas prêché, présenté ou révélé lui-même. Jésus est la centralité de la vraie conversion spirituelle. Ici, le rôle des églises est nécessaire pour prêcher.

-la troisième étape : l'acte de conversion spirituelle : ici la personne croit du cœur et confesse la seigneurie de Jésus en se détournant des péchés. Paul ira jusqu'à se faire baptiser par Ananias (Actes 8,18) pour témoigner de son changement de vie. Pierre en confessant que vous tu es le Christ et la Samaritaine croyant et confessant Jésus comme Messie.

-la quatrième étape : la conversion noétique ou conversion de l'intelligence, ou encore renouvellement de l'intelligence de l'intelligence (Romains 12,1-2). Ici, l'intelligence spirituelle est à l'œuvre pour voir et comprendre les choses différemment, voire la propre vie du leader concerné. Un de ses impacts est visible dans la paix, la confiance en Dieu, la joie dans les moments difficiles, la foi de croire que les choses vont changer, une marche par la foi. Pour Paul, il avait une nouvelle compréhension du plan de Dieu qu'il appelait un mystère, Pierre a connu la gloire de Dieu et la sagesse spirituelle, pour la femme samaritaine, elle a compris la personne du Christ comme la vraie source de vie. La cinquième étape n'est pas linéaire et comporte de nombreux décalages: raconter sa vie avec un but précis, celui d'influencer.

Des récits tout de même contradictoires en apparence. Cela relève des expériences spirituelles qui ne sont pas faciles à expliquer ou relater.

Deux verbes sont utilisés dans la Bible pour exprimer la conversion noétique : le verbe *metamorphoo* et le mot *metanoia.*

Metamorphoo

Fait référence à un changement intérieur totalement indépendant du pouvoir de l'individu lui-même. Le chrétien individuel est impuissant à opérer cette métamorphose. Dans 2 Corinthiens 11,13-15, Satan « se transforme en ange de lumière » et ses ministres « se transforment aussi en ministres de justice ». Dans le texte grec, le mot « transformé » n'est pas le même dans 2 Corinthiens 11,13-15 que dans Romains 12,2. Dans 2 Corinthiens 11, 13-15, le verbe utilisé est *metaschematizo*, une allusion à un changement extérieur ; un changement d'apparence, superficiel et mensonger, provoqué par le propre pouvoir d'un individu, pas en communion avec Dieu. Un changement sans racine, un pseudo changement (Chitwood, sd). *Metamorphoo* est aussi un changement radical, irréversible, une rupture avec l'ancien système de vie.

Metanoia est un changement dans la pensée, dans la façon de raisonner, dans la façon de percevoir les choses. Un changement mental avec un impact dans les actes et l'orientation de la vie.
Les deux changements sont radicaux. Une conversion intérieure avec un changement extérieur visible. L'initiative vient de Dieu et l'homme lui donne une réponse positive. Une dimension passive et active à l'œuvre. Passive car l'initiative est divine, mais active car c'est l'homme qui répond positivement à l'initiative divine.
Les étapes 1 à 4 sont linéaires.

e. la cinquième étape : la conversion multiniveaux et multidimensionnelle venant après la conversion spirituelle ou le changement spirituel et le changement du niveau d'intelligence. Les conséquences dans les dimensions sociales et autres de la vie personnelle et communautaire sont visibles... La cinquième étape n'est pas linéaire et dépend de nombreux facteurs : les enseignements, la consécration personnelle, la vie personnelle de prière et de lecture de la Bible, l'encadrement, la communion avec d'autres chrétiens, l'exercice d'un ministère ou d'une responsabilité font accélérer la transformation.
Le genre de rencontre joue aussi un rôle clé : Paul a été marqué par l'illumination, la Samaritaine a été marquée par la connaissance surnaturelle de Jésus, en tant que prophète. Généralement, les hommes sont marqués par de telles rencontres.

Paul a connu de nombreux changements ou de conversion dans le leadership, les sentiments ou le niveau psychologique. Pierre est également a connu cela au niveau du leadership organisationnel d'une communauté vivant ensemble et partageant des biens. Un cas de conversion économique où une communauté n'avait pas de pauvres parmi eux (Actes 4, 34).

Dans les dernières étapes, le rôle des églises est nécessaire pour enseigner la maturité et la transformation totale.
Sans connaissance, il n'y aura pas de transformation.

La cinquième étape n'est pas linéaire et comporte de nombreux décalages.

Chapitre trois : Quelques leçons pour l'Afrique

I. Situation religieuse de l'Afrique

Sebastian Fath et Cédric Mayrargue (2014) relèvent trois groupes principaux dans le christianisme africain.

En premier lieu, il y a les évangéliques, qui sont les plus nombreux, subdivisés en deux tendances, les « piétistes/orthodoxes » qui insistent davantage sur la vie de piété telle que la sainteté, la crainte de Dieu et la fidélité à la doctrine ; puis les « charismatiques/pentecôtistes », qui mettent l'accent sur l'action divine par des manifestations visibles de miracles, de guérisons et les donne à tous pour une vie pleine et abondante. C'est la tendance la plus prédominante des évangéliques sur le continent africain que certains estiment à près de 165 millions de personnes. Même si ces chiffres sont à prendre avec précaution, ils montrent cependant l'ampleur du phénomène.

En général, le protestantisme évangélique ou « évangélique » comporte quatre éléments qui le caractérisent : une dynamique militante, l'insistance sur la conversion, le biblicisme et l'exclusivité dans le salut ou le crucicentrisme. Ils n'ont pas de structures institutionnalisées et centralisées.

Bien que les auteurs susmentionnés les appellent protestants évangéliques, je pense que les charismatiques sont issus de l'Église catholique romaine, seuls les pentecôtistes sont du protestantisme classique.

Pour WJ Hollenweger, le pentecôtisme est la seule confession chrétienne mondiale fondée par un Noir. Il s'est rapidement répandu dans le monde entier. Il y a actuellement environ 150 millions d'adeptes dans le monde, auxquels il faut ajouter les charismatiques des églises historiques et des églises indigènes non blanches, dont la plupart remontent à elles. Plus de 320 millions de personnes, un nombre croissant, se trouvent en Afrique, en Corée et en Amérique latine. Ces églises pentecôtistes reprennent des éléments essentiels de leur culture préchrétienne. En Europe, où il se déploie dans les églises évangéliques des classes moyennes, le pentecôtisme est présent en France, en Allemagne, en Roumanie, dans l'ex-Union soviétique, en Italie et en Scandinavie. J. Baubérot résume en quelques lignes les caractéristiques théologiques du pentecôtisme, qui sont les suivantes : « le salut par la foi manifesté par l'expérience de la conversion, la sanctification comme expérience spirituelle qui suit la conversion, les dons spirituels comme glossolalie, prophétie, guérison, aspiration à la le retour du Christ Une formule résume ces doctrines : Jésus sauve, guérit, baptise et revient.

WJ Hollenweger le confirme en disant que les pentecôtistes ont hérité des milieux noirs les structures orales de communication en usage chez les esclaves, pas de définition, mais des descriptions, pas de thèses mais des témoignages, pas de concepts mais des banquets ; pas d'essai mais des histoires et des paraboles ; pas de théologie figée mais des conversions à une nouvelle vie. Il montre que cette structure orale a donné naissance à des Églises du Tiers-Monde, très vite autonomes dans leur financement, leur théologie et leur liturgie. De nombreux éléments culturels ont été récupérés et transformés, ainsi les guérisons, les visions, l'entrée en transe, avec les temps sont reconnues comme des manifestations de l'Esprit Saint. André Mary montre que l'affinité entre certaines ressources de la culture pentecôtiste telles que la transe, la vision, la guérison et les formes de religiosité africaine, ainsi que leur plasticité commune, sans doute explique cette rencontre singulière du mouvement de Pentecôtation et d'indigénisation qui marque l'histoire récente du christianisme africain (Kilongo, 2015).

Kimpianga Mahaniah (1981) a écrit sur les églises de guérison dirigées par des prophètes chrétiens qui pratiquent en tête-à-tête avec des clients et des groupes thérapeutiques à travers des rites tels que Mpumbu, Bilumbu, Mizuka, Zebola pour chasser les démons et apporter des réponses aux problèmes. Leurs thérapies sont physiologiques et psychologiques, mêlant herbes et psychothérapies clairvoyantes pour traiter les afflictions causées par la sorcellerie, et d'autres esprits ou ancêtres.

Je ne suis pas sûr que toutes ces cérémonies et rituels soient basés sur le vrai christianisme ; ces guérisseurs mélangent christianisme et fétichisme.

Parmi ces églises africaines on peut citer l'église Kimbanguiste, Christianisme céleste, Tokoïste...

Le troisième groupe principal est composé de catholiques et de protestants des églises de mission, qui sont dans une sorte de pluralisme interne avec la manifestation de nouveaux groupes de renouveau comme le renouveau charismatique (Fath et Mayrargue, 2014).

J'ai eu à travailler à Selembao, une des municipalités de Kinshasa, où les habitants en majorité Kongo, croient aux traditions ancestrales, ils croient plus en fétiches que dans la puissance de Dieu. Un vrai problème de vision du monde. Ils sont à la fois dans le christianisme et dans les religions traditionnelles de type africain.

Il y a des églises fondées par des prophètes comme Kimbangu qui y prospèrent parce qu'elles sont dans une sorte de syncrétisme. : mélange de christianisme et d'éléments religieux africains.

Conversions syncrétiques ou conversion syncrétistique.

Les religions traditionnelles répondent à leurs besoins d'entrer en contact direct avec l'Être Suprême à travers des transes, des prophéties, des cérémonies et des explications en donnant la cause première de leurs souffrances telles que les oncles, la sorcellerie, le non-respect de telle coutume, et cela va de pair avec leur vision du monde animiste. Mais le christianisme classique au lieu de leur offrir toutes ces démonstrations du surnaturel, ses leaders ont plus des explications rationnelles.

D'autres églises traditionnelles sont considérées comme des églises colonisatrices blanches, mais les églises pentecôtistes et des miracles ainsi que les églises de réveil et de délivrance les attirent, non pas qu'ils se convertissent, mais sont à la recherche d'un endroit où consulter les esprits. Ici, les pasteurs sont les nouveaux « mbikudi », les nouveaux « ngunza », ceux qui entrent en contact direct avec le monde des esprits. Et si le pasteur ne prophétise pas, ils vont d'église en église.

Dans ce cas, ce genre de conversion ne fait que changer de lieu d'adoration, de culte, ou de contact avec le surnaturel, je peux l'appeler une conversion spatiale mais la motivation, les attitudes, la vision du monde sont restées le même.

La plupart des cas des conversions sont également les conversions de transition institutionnelle pour prendre la catégorie de Lewis Rambo (1993): un changement d'une communauté à une autre au sein du christianisme, par exemple quitter l'Église catholique romaine pour commencer à aller à l'Église de Pentecôte. La plupart des gens qui se comportent ainsi sont jeunes et ont besoin d'une spiritualité dynamique et non d'une répétition des mêmes mots comme cela se fait dans la liturgie des églises traditionnelles (catholique et protestante).

Leurs besoins sont essentiellement sociaux (besoin d'un travail, d'un mariage...) donc la motivation de conversion est la survie en raison de l'incapacité de l'Etat à fournir des emplois et du bien-être à la population, les églises sont désormais la seule issue de secours. C'est une conversion de survie.

De nombreux parents congolais sont des nominalistes chrétiens parce que les catholiques et les protestants sont des églises centenaires et représentent un élément essentiel de la tradition ou de la culture religieuse du peuple congolais. Il est rare de trouver une famille sans affiliation catholique ou protestante ; beaucoup sont nés catholiques ou protestants. Ils sont biologiquement catholiques ou protestants.

Les statistiques officielles des chrétiens congolais sont à comprendre ainsi : le nominalisme ou être chrétien de nom à cause de longue tradition religieuse suite à l'affiliation de famille et vous entrez directement par votre naissance biologique et non pas avec nouvelle naissance.

Avec mes entretiens pastoraux, j'ai reçu beaucoup de personnes mais leurs besoins sont essentiellement sociaux : ils ont besoin de prier pour avoir un travail, trouver un bon conjoint ou mari, mais rarement le besoin de se tourner vers le Christ.

J'ai rencontré un membre qui a apporté un fétiche et pourtant il est supposé être chrétien, en même temps il était en contact avec un magicien pour des questions d'argent. Les magiciens et sorciers jouent un rôle chez les chrétiens mal établis ou instables, notamment en cas de perte d'objets de valeur. Puisqu'il n'y a aucun moyen d'identifier les voleurs, de nombreuses personnes même chrétiennes, recourent à leur service de voyance ou à l'invocation d'esprits qui révèlent des choses cachées.
Les chrétiens africains sont encore dans le fonctionnement des religions traditionnelles. Plus une église lui ressemble en termes de révélations, plus elle attirera de foules.
Les convertis seront à la fois chrétiens et pratiquants sans les nommer, tout ce qui est spécifique aux religions africaines.

Un autre jour, j'ai eu un cas où quelqu'un impliqué dans la politique voulait devenir un représentant du peuple et avoir beaucoup d'argent. Mais lorsqu'il vit que sa vie était en danger à cause de son incapacité à obéir à tous les commandements de la foi baha'ie, il vint confesser ses péchés.
Preuve que beaucoup de convertis au Christ ou à l'occultisme ou à l'islam, le font pour survivre (avoir un bon travail, devenir riche...). Le contexte de la pauvreté pourrait nous aider à mieux comprendre cela. C'est pourquoi lorsque les soi-disant convertis deviennent députés nationaux, membres du gouvernement et riches, ils ne mettent pas l'intérêt collectif à leur ordre du jour. Ils sont convertis pour cause

de crises, dans ce contexte la conversion, la famille chrétienne ou la foi servent de pont pour accomplir leur but caché.
Le même phénomène est observé lors des élections où de nombreux hommes politiques deviennent chrétiens et membres de méga églises si bien que par identification, les autres chrétiens votent pour eux. Un camouflage et une dissimulation.
J'appelle cette conversion une conversion de positionnement, juste pour aider quelqu'un à atteindre un objectif politique, à être élevé dans la société. Mais il n'a rien en tant que chrétien.

Il s'agit ici d'une illustration de livres et de fétichisme apportés par un homme qui était chrétien mais est allé à l'église de la lune pour avoir la possibilité d'épouser une femme blanche et de devenir riche mais cela reste une illusion. Il s'agit avant tout d'un cas d'apostasie. Une conversion de la foi à l'infidélité de la secte.
Lorsqu'il se repent sincèrement et reçoit Jésus comme Sauveur et Seigneur, il prend la décision de marcher selon sa parole et de le servir, c'est un cas de conversion spirituelle. Dans ce cas, la personne connaîtra une transformation.

Si on peut schématiser le problème des leaders africains en termes de manque d'intégrité et d'efficacité :
Causes :
- Absence de vraie conversion (cause principale)
- Système éducatif
- Enseignement de l'Église inapproprié.
Les deux sont dans le domaine de la formation
- Des leaders qui sont toujours comme des hommes vivant dans le monde (manque de conversion éthique)
- Absence de supervision de l'église (l'église en tant qu'organisation manque de leadership dans la société et d'impact).

À propos du comportement :
- Une corrélation peut être établie entre le christianisme et les bonnes pratiques, et le faux christianisme ou la fausse conversion et les mauvaises pratiques telles que la corruption.

- On observe un accommodement consistant à cacher la réalité du péché peut-être pour calmer la conscience. Cela signifie que les dirigeants ont besoin du renouvellement de l'intelligence ou de l'intelligence spirituelle afin qu'ils voient clairement leur situation (véritable condition spirituelle).

Baptême

Il y a certains cas des baptêmes observés dans ma pastorale pendant plusieurs années (2013-2018) car le baptême joue un rôle clé dans le processus de conversion. C'est une expression externe du changement, un témoignage pour marcher dans un nouveau style de vie.

Comment comprendre ces cas de baptême ?

Parmi les femmes et les hommes baptisés il y avait de vrais cas de conversion mais la médiatisation telle que la présence de la caméra pouvait jouer aussi un rôle dans la motivation de conversion, l'effet de masse aussi.

Dans de nombreux cas, c'était un rebaptême ; les anciens membres de l'Église catholique romaine qui ont reçu le pédobaptisme décident d'avoir un autre baptême.

Ces cas de baptême sont une intensification dans la catégorie de Lewis Rambo (1993), consistant en la revitalisation de l'engagement dans une foi où le converti est déjà affilié mais ici il n'est jamais un membre nominal mais consacre sa vie à Dieu.

Les autres catégories de Rambo sont :

- Apostasie ou défection : l'adoption d'un système de valeurs non religieux.
-Affiliation : un mouvement d'engagement religieux nul ou minimal vers une implication totale dans une institution ou une communauté de foi.
-Transition de la tradition : un passage d'une grande tradition religieuse à une autre.

B. Quelques leçons

Il y a des leçons que nous pouvons tirer pour le leadership en Afrique partant des cas bibliques :

-Paul, modèle des leaders qui ont la passion et sont prêts à tout pour l'accomplir. Un leader passionné a un feu, de l'empressement qui le pousse en avant afin de l'accomplir. Il sait transmettre, contaminer les autres avec le même feu pour le bien et non pour le mal. L'Afrique a une crise des leaders passionnés pour le bien de leurs populations respectives. La Bible peut nous inspirer à cet effet. La passion est importante pour les leaders car elle permet de concentrer vos énergies sur les causes qui résonnent avec votre cœur. En plus de votre personnalité, de vos talents naturels et de vos dons, vous devez comprendre et puiser dans vos passions.

Vous reconnaîtrez les germes de la passion dans les intérêts ou les problèmes pour lesquels vous êtes motivé à passer du temps et à en apprendre davantage, à participer, à recruter d'autres personnes ou à payer un prix pour poursuivre. Aussi intuitif ou mystique que ce voyage puisse paraître, vous devez comprendre vos passions.

La vision est le dénominateur commun des leaders, la force motrice derrière leur désir de gagner de l'influence auprès des suiveurs. Si la vision est « ce que vous voyez » en tant que leader, la passion rend ce que vous voyez important. La vision sans passion est mécanique. La vision avec passion est une source d'inspiration.

-Pierre, modèle des leaders bâtisseurs de grandes communautés malgré les obstacles. Il a reçu les clés pour inaugurer en tant que pionnier la première réunion d'évangélisation des masses pour la conversion des foules et la construction d'une église des milliers des personnes. Il nous faut des pionniers dans tous les domaines qui rêvent grand pour l'Afrique, qui la voient devenir une superpuissance. Les combats viendront de l'intérieur et de l'extérieur mais il faut des leaders tenaces comme Pierre, qui malgré les intimidations et les emprisonnements, il a tenu bon. Un audacieux et courageux qui sait affronter les forces obscures qui combattent le plan de Dieu.

-La femme Samaritaine, modèle du leadership féminin dans une société patriarcale d'exclusion, de marginalisation et pleine des stéréotypes envers les femmes ; pour cela travailler pour plus de justice sociale et bannir les exclusions et la marginalisation suite au genre et autres causes surtout pour ceux qui exercent le leadership politique, car le critère numéro un dans la Bible pour juger l'exercice d'autorité est la justice, et la justice doit être comprise dans toutes ses dimensions. La justice comme répartition juste et équitable des opportunités, des charges et des responsabilités est une valeur clé dans tous les systèmes éthiques et toutes les sociétés à travers l'histoire. Mais par rapport à d'autres valeurs, son interprétation et le poids diffère beaucoup.

Examinons une variété de dimensions de la justice.
a. La justice liée aux capacités signifie que chaque personne et institution ont le devoir de contribuer à résoudre les problèmes sur la base de leurs capacités. Cela signifie : Chacun peut et doit contribuer selon ses capacités physiques, économiques, politiques, intellectuelles et spirituelles.
Une personne, une institution, une entreprise ou un État doit contribuer plus qu'une personne pour résoudre les problèmes.
b. La justice liée à la performance signifie que chaque personne et institution impliquées dans des activités humaines (telles que la production, le commerce, la vente d'un produit ou d'un service) doivent recevoir leur dû (par exemple le salaire) sur la base de leurs performances.
c. La justice liée aux besoins signifie que les besoins et les droits humains fondamentaux (le minimum vital, une vie dans la dignité et le droit à l'alimentation et en eau) doivent être pris en considération pour chaque personne et institution. Cela signifie : toute personne a le droit de survivre et d'être soutenue afin de répondre à ses besoins indépendamment de ses capacités et de ses performances.
d. La justice distributive garantit l'accès aux ressources, aux biens et aux services à répartir équitablement, en tenant compte de l'équilibre entre les capacités, les performances et les besoins. Cela signifie : des ressources financières ou autres utilisé pour réduire la

pauvreté ou les dommages environnementaux devraient être la priorité.
e. La justice en tant qu'égalité de traitement signifie que tous les êtres humains ont les mêmes droits humains et le droit à l'égalité de traitement indépendamment de leurs capacités, leurs performances, leurs besoins, leur origine et leurs caractéristiques telles que le sexe, la couleur, la race, la religion.
f. La justice intergénérationnelle signifie une utilisation durable et une répartition équitable des ressources, ainsi qu'une réduction et une répartition équitable des charges écologiques entre les générations d'aujourd'hui et les générations futures. Cela signifie : les décisions prises aujourd'hui doivent respecter les besoins pour une vie dans la dignité des générations futures qui ont le même droit d'égalité de traitement en tant que générations vivant aujourd'hui.
g. La justice participative signifie une participation juste et appropriée à la prise de décision de tous ceux qui sont touchés par un problème et par des décisions. Les décisions devraient être prises par la participation démocratique de la population et de ses représentants du niveau local au niveau mondial.
h. La justice procédurale pour réglementer les procédures judiciaires.
i. La justice fonctionnelle signifie une relation juste et optimale entre les besoins des personnes et les besoins structurels des institutions, des processus et des ressources.
j. La justice punitive signifie la punition des actions qui violent la justice. L'objectif est la dissuasion ou le dépassement de l'injustice existante. Lorsque la justice est violée, des mesures de justice punitive sont à prendre en compte.
k. La justice transitionnelle signifie une justice provisoire en transformation dans une société où les institutions et procédures ordinaires et régulières peuvent être absentes ou en reconstruction (par exemple dans des situations d'après-guerre ou après un changement révolutionnaire du système dans une société). Cela signifie : dans des situations exceptionnelles comme après des situations d'urgence et des catastrophes, les procédures de décision

et d'aide et les instruments exceptionnels tels que l'amnistie (qui n'est pas l'impunité) peuvent être requise et éthiquement justifiée.
12. La justice réparatrice signifie une solution commune du ou des auteurs et la/les victime(s) afin de rétablir la justice après l'injustice commise en compensation, réparation et/ou réconciliation (Stückelberger, 2014).

-Thérapie des africains : La conversion psychologique nous amène à poser la question de la thérapie des africains. Une des choses qui nous caractérise c'est le complexe : d'infériorité, de supériorité ou autre.

Par la colonisation et la traite négrière nous avons hérité le complexe du colonisé, le complexe de dépendance et le complexe d'infériorité. Un problème psychologique national voir continental.
Nous appelons l'homme blanc *mundele* (modèle) et dans l'imaginaire ou la psychologie des congolais et autres noirs, l'homme blanc et tout ce qu'il fait est un modèle à suivre, à imiter. Il devient la norme.

Les Belges en venant ici travaillaient plus dans des bureaux (administration) et le complexe est resté : les gens pensent que ceux qui travaillent aux bureaux sont plus intelligents que ceux qui font la mécanique, l'agriculture. Et pourtant c'est extrêmement faux.

Il y a des gens comme Bemba Saolona, Kisombe que nous connaissons tous, avec une grande intelligence des affaires et ont su monter de grandes entreprises sans diplôme universitaire.
Quand un enfant est brillant on lui dit tu vas faire la section scientifique, quand il est moyen on l'envoie en pédagogie et médiocre en coupe et couture. Mais qui a dit que celui qui fait la math-physique est plus intelligent que celui qui fait la section pêche ou la coupe et couture ? Modèle colonial.
Paul Panda Farnana est le 1er congolais à avoir fait les études supérieures (ingénieur agronome vers les années de la 1ère guerre mondiale) mais le cours d'histoire fabriquée par la colonisation nous enseignait que le 1er congolais à avoir fait les études supérieures est

Thomas Kanza (sciences sociales vers les années 1950) car il estimait que c'est supérieur à l'agronomie.

Le complexe de dépendance fait que chaque projet du gouvernement doit être financé par les bailleurs de fonds étrangers (USA,UE); pour construire une petite maison pour abriter un service de population dans la commune de Kasavubu c'est une commune belge qui a financé ça. Une petite maison composée d'un salon et d'une chambre servant des bureaux.

Entre provinces il ya des complexes : les gens qui ont vécu à l'Equateur considèrent les autres provinces comme des basenzi (termes utilisés par les Belges pour dénigrer les congolais qu'ils qualifiaient des singes); certaines tribus sont vues comme inferieures (yo muyaka...); certains peuples sont considérés comme inférieurs (pygmées). Au Kasaï les baluba considèrent les Babindji comme un peuple inférieur et moins beau (ils sont plus noirs pour la plupart que les baluba qui ont beaucoup de gens de teints clairs proches du teint du mundele, l'unité de mesure).

Au Kongo central les Batandu et les Bandibu ne s'entendent pas, les Batandu disent " mutandu mundele"(un mutandu est un blanc) donc supérieur à un mundibu. Et cette mentalité est allé en Europe on appelle des peuples qui ne sont pas blancs européens comme des Turcs, maghrébins mundibu.
Les Bambala disent : mumbala mundeli. Un mumbala est un blanc.
Une conversion au niveau psychologique, au niveau des complexes est à considérer pour une nouvelle orientation de nos pensées, une nouvelle manière de considérer l'autre ».
Cette thérapie doit commencer au niveau des élites qui sont devenues les instruments de la néo colonisation.

Bibliographie sommaire

Cuvillier, E. (2009) « La conversion de Paul, regards croisés », *Cahiers d'études du religieux. Recherches interdisciplinaires* [En ligne], 6 | 2009, mis en ligne le 18 septembre 2009, consulté le 16 juillet 2021. URL : http://journals.openedition.org/cerri/373 ; DOI : https://doi.org/10.4000/cerri.373

Friedman, H., & Langbert, M (2000) "Abraham as a Transformational Leader "*Journal of Leadership Studies*, Vol. 7:2.

Josèphe, F.(2016) Antiquités judaïques, édition numérique.

Kellerman, B. ed. (2006). Political leadership. A source book. University of Pittsburgh Press: Pittsburgh.

Moleka, B. (2021). Spiritual intelligence for leaders. LAP

Simon , J (1879) L'éducation et l'instruction des enfants chez les anciens juifs, Paris.

Stückelberger, C. (2014) Responsible Leadership Handbook For Staff and Boards Globethics.net Praxis No. 1

Table des matières

Printed by Books on Demand GmbH, Norderstedt / Germany